EBP HUBBIX

Bâtiment 2024

Le guide pratique pour les professionnels du bâtiment et les artisans

Jean-pierre VILLATTE

Accéder à l'assistant IA AGORA
EBP HUBBIX Bâtiment :

TABLE DES MATIÈRES

Introduction	**4**
Création du compte sur l'application HUBBIX	4
Renseignement mon entreprise	5
Les utilisateurs	7
Mes abonnements	11
Ergonomie	**12**
Paramètres	**13**
Documents	13
Email	22
Paiements	23
Banques	25
Eléments	25
Les paramètres comptables	26
Les éléments	**27**
Les clients	**31**
Les ventes	**33**
Les devis	33
Les acomptes	37
Les factures	40
Les règlements	43
Les avoirs	45
Les chantiers	**47**
Tableau de bord	**50**

HUBBIX : Bâtiment

Avant de commencer

- Qu'est ce que Hubbix Bâtiment?

Ce logiciel de facturation en ligne, simple et intuitif, vous permet de gérer simplement le quotidien de votre TPE de manière collaborative avec votre expert-comptable :

- [ ] Devis, factures, acomptes,
- [ ] Editez rapidement vos documents de vente.
- [ ] Suivez vos règlements clients et soyez alertés des retards de paiement.
- [ ] Enfin, pilotez votre business grâce au tableau de bord.

Introduction

Création du compte sur l'application HUBBIX

Lorsque vous êtes sur le site d'EBP, il faut cliquer sur Connexion, sélectionnez " Mon espace Hubbix"

Pour une première connexion, créez votre compte, soit avec l'option link ou Google et indiquez votre mail et un mot de passe.

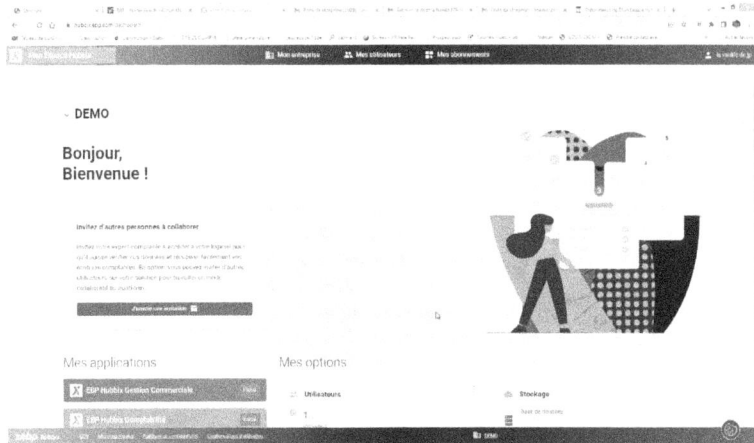

Un écran de bienvenue vous est proposé qui est commun à EBP HUBBIX Comptabilité et gestion commerciale

Renseignement mon entreprise

- Cliquez dans le menu horizontal " Mon entreprise"

Nous allons renseigner 3 rubriques :

- Raison sociale
- Coordonnées
- Contact

Attention !

Pour la rubrique "Raison sociale" comme indiqué sur l'écran, vous pourrez renseigner manuellement toutes les informations demandées.

Par contre, en cas de modification, comme indiqué à l'écran, vous devrez contacter EBP pour saisir les modifications.

Pour la rubrique coordonnées, vous pouvez indiquer une adresse de siège social si elle est différente de l'adresse de la société, ainsi qu'une adresse de facturation, si elle est différente de l'adresse de la société, dans ce cas, cliquez sur l'option " **Ajouter une adresse de facturation".**

Si l'adresse de la société est identique à l'adresse du siège social et de facturation, vous n'avez rien à saisir.

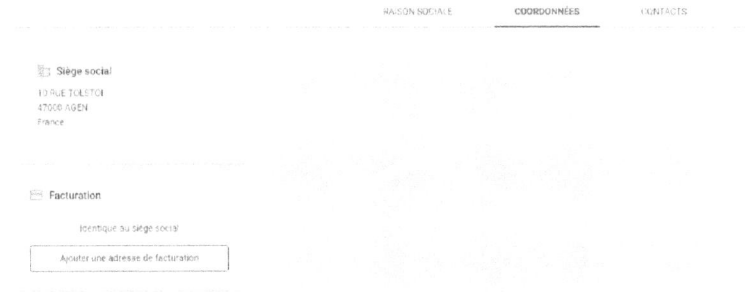

Pour la rubrique contact, vous pouvez renseigner le téléphone et le numéro de mobile en cliquant sur le

Les utilisateurs

Par défaut, vous avez droit à un utilisateur et invitez un utilisateur comme votre expert comptable par exemple.

Pour un utilisateur supplémentaire, il faut contacter le service commercial d'EBP.

Nous allons voir comment rajouter l'utilisateur, "expert comptable."

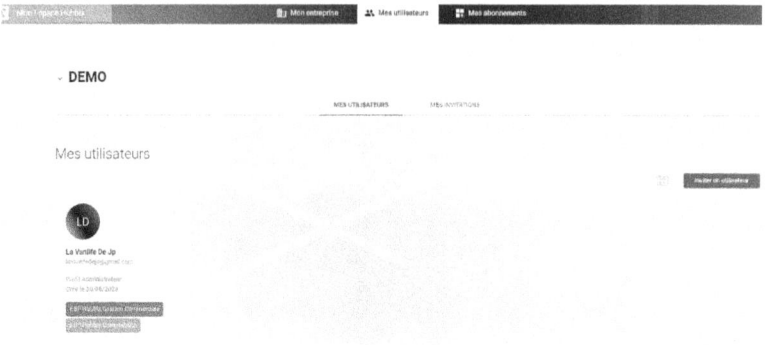

- Cliquez sur l'option " Inviter un utilisateur"

Vous allez être guidé par un assistant :

Étape 1 : Indiquez l'email de votre expert comptable et cliquez sur suivant.

Etape 2 : Choix du profil

- Cliquez sur le bouton "Choisir ce profil" et suivant.

Etape 3 : Accès

- Activez l'option Hubbix comptabilité, pour que votre expert comptable ait accès à l'application et sur Hubbix Gestion commerciale si besoin et cliquez sur suivant.

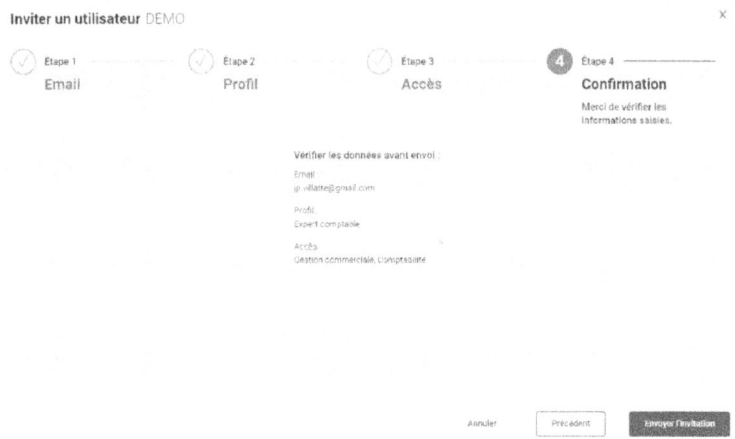

Etape 4 : Confirmation

- Cliquez sur "Envoyez l'invitation", vous allez recevoir un mail ou il faudra confirmer l'invitation pour que le compte soit créé.

Votre expert est créé :

DEMO

Mes abonnements

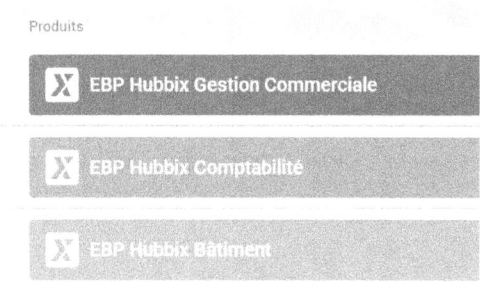

Sur le menu horizontal, cliquez sur l'option " Abonnement" pour choisir l'application Hubbix Bâtiment pour vous abonner.

Si vous souhaitez souscrire, un utilisateur ou une banque supplémentaire, vous pouvez contacter le service commercial d'EBP.

Ergonomie

Lorsque vous lancez l'application HUBBIX Bâtiment, vous avez l'écran suivant.

Vous avez un tableau de bord qui vous donne une photographie de votre activité, dès que vous créez des devis, clients, factures.

Nous allons dans un premier temps, étudier le menu.

- Menu Paramètres: Documents - Envoi email - Paiement - Evénements - Paramètres comptables - TVA

- Menu Elements : Création des fournitures - main d'oeuvre - Ouvrages

- Menu Clients : Création des clients particuliers - collectivités - Entreprises

- Menu Factures

- Menu Devis:

- Chantiers
- 🏠 : Retour à la page d'accueil
- ⚙ : Paramètres
- 🔔 : Notifications

Nous allons commencer par le menu " Paramètres "

Paramètres

Documents

- **Devis**

☐ Durée validité des devis

☐ Préférences

Vous pouvez choisir la durée de validité des devis qui apparaîtra sur vos devis.

PRÉFÉRENCES   MENTIONS LÉGALES

Précisez vos préférences de ventes, ces informations seront définies dans vos documents de vente.

Durée de validité des devis

30 jours

☐ Mentions légales

Si vous avez des mentions particulières sur vos devis, vous pouvez les mentionner dans cette option. Vos options apparaîtront automatiquement sur vos devis.

PRÉFÉRENCES   MENTIONS LÉGALES

Vous pouvez ici renseigner les mentions légales qui seront reprises sur vos devis.

0 / 1000

- **Factures**

    ☐ CGV et mentions à imprimer

Même principe pour les factures, sélectionnez et paramétrez toutes les mentions légales que vous souhaitez afficher sur vos factures.

☐ Mentions légales

☐ CGV

Vous pouvez télécharger vos CGV depuis votre ordinateur et les éditer si vous le souhaitez lors de l'impression de vos documents de vente.

☐ Personnalisez les modèles

Vous pouvez ici créer un modèle de document personnalisé et sélectionner votre modèle favori.C'est ce modèle qui sera repris par défaut lors de l'impression et de l'envoi par e-mail de tous vos documents de vente.

Copyright © jean-pierre VILLATTE

Modèles d'impressions

Vous pouvez ici créer un modèle de document personnalisé et sélectionner votre modèle favori.
C'est ce modèle qui sera repris par défaut lors de l'impression et de l'envoi par e-mail de tous vos documents de vente.

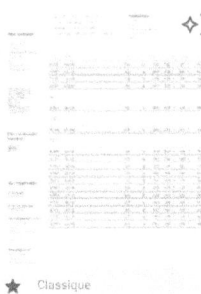

Un modèle par défaut vous est proposé.

Pour personnaliser le modèle par défaut, il faut le dupliquer.

- Dupliquer le document

➢ Placez la souris sur le document, vous avez un bouton Dupliquer qui apparaît.

➢ Cliquez sur le bouton **Dupliquer**.

Nous allons nous laisser guider par l'assistant de personnalisation.

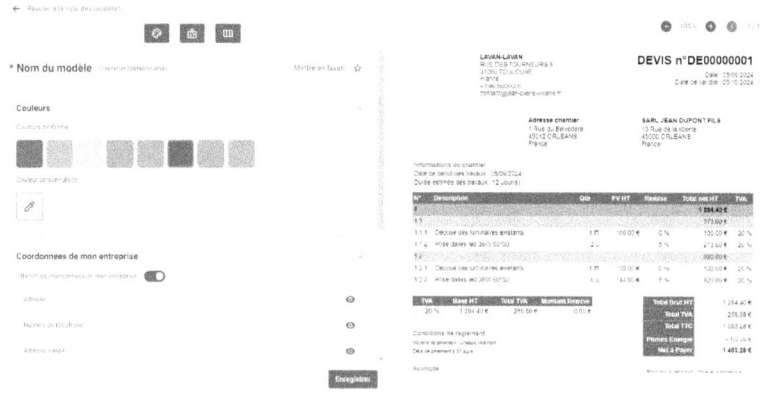

Cliquez sur les boutons suivants pour personnaliser votre devis :

Couleur

Personnalisez votre document en fonction des couleurs de votre entreprise

Coordonnées de l'entreprise

Vous pouvez activer ou désactiver les coordonnées de votre entreprise ainsi que les champs :

- ➔ Adresse
- ➔ N° de téléphone
- ➔ Adresse Email

Vous visualisez instantanément vos modifications

LAVAN-LAVAN
RUE DES TOURNEURS 5
31000 TOULOUSE
France
+33600000000
contact@jean-pierre-villatte.fr

DEVIS n°DE00000001

Date : 05/09/2024
Date de validité : 05/10/2024

Adresse chantier
1 Rue du Belvédère
45012 ORLEANS
France

SARL JEAN DUPONT FILS
13 Rue de la liberté
45000 ORLEANS
France

Informations du chantier
Date de début des travaux : 05/09/2024
Durée estimée des travaux : 12 Jour(s)

N°	Description	Qte	PV HT	Remise	Total net HT	TVA
1					1 294,40 €	
1.1					373,60 €	
1.1.1	Dépose des luminaires existants	1 fft	100,00 €	0 %	100,00 €	20 %
1.1.2	Pose dalles led 36W 60*60	2 u		5 %	273,60 €	20 %
1.2					920,80 €	
1.2.1	Dépose des luminaires existants	1 fft	100,00 €	0 %	100,00 €	20 %
1.2.2	Pose dalles led 36W 60*60	6 u	144,00 €	5 %	820,80 €	20 %

TVA	Base HT	Total TVA	Montant Remise
20 %	1 294,40 €	258,88 €	0,00 €

Total Brut HT	1 294,40 €
Total TVA	258,88 €
Total TTC	1 553,28 €
Primes Energie	- 100,00 €
Net à Payer	1 453,28 €

Conditions de règlement
Moyens de paiement : Chèque,virement
Délai de paiement à 30 jours

Copyright © jean-pierre VILLATTE

Colonnes et champs

Vous pouvez activer ou désactiver les colonnes

Exemple : Désactivation des Numérotations de ligne

➔ **Cliquez** sur le bouton 👁

La colonne N° de ligne n'apparaît plus.

Une fois les modifications terminées :

- **Nommez** votre devis
- **Mettez** le en favori
- **Enregistrez** votre document

Logos

Vous pouvez insérez le logo de votre entreprise ainsi que vos logos de certification.

Logos

Téléchargez le logo de votre entreprise et les logos de certifications que vous souhaitez faire figurer dans vos documents de vente.

Entreprise

Déposer un fichier
Cliquez ou faites glisser le fichier dans cette zone pour le déposer.
Fichier au format JPG, JPEG et PNG taille max 5Mo.

Certifications

Vous pouvez ajouter ici un maximum de 5 logos de certifications qui vous ont été attribués.

⚠ Nous vous rappelons qu'il est formellement interdit de faire figurer un label sur vos documents de vente si la qualification ne vous a pas été decernée par le ou les organismes respectifs.

Déposer un fichier
Cliquez ou faites glisser le fichier dans cette zone pour le déposer.
Fichier au format JPG, JPEG et PNG taille max 5Mo.

Une fois l'opération, vous pouvez visualiser automatiquement votre logo et votre logo de certification sur votre document, comme ci-dessous :

LAVAN-LAVAN
RUE DES TOURNEURS 5
31000 TOULOUSE
France
+33600000000
contact@jean-pierre-villatte.fr

DEVIS n°DE00000001

Date : 05/09/2024
Date de validité : 05/10/2024

Adresse chantier
1 Rue du Belvedere
45012 ORLEANS
France

SARL JEAN DUPONT FILS
13 Rue de la liberte
45000 ORLEANS
France

Informations du chantier
Date de debut des travaux : 05/09/2024
Duree estimee des travaux : 12 Jour(s)

Numérotation

Nous allons terminer le paramétrage de votre document par l'option **Numérotations**.

Personnalisez votre numérotation des documents.

Longueur des numéros de documents

8

Document	Préfixe texte	Prochain numéro
Devis	DE	00000010
Facture	FA	00000001

❖ Vous pouvez choisir la longueur et le prochain numéro de vos devis et factures.

Email

- Les options d'envois

Vous pouvez paramétrer un expéditeur par défaut qui apparaîtra systématiquement lors de vos envois par mail de vos devis et vos factures.

Vous pouvez indiquer une signature par défaut.

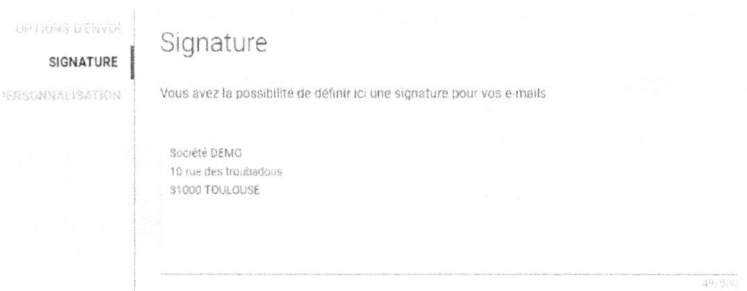

- Personnalisation

Vous pouvez personnaliser l'envoi de vos emails avec les champs qui sont proposés

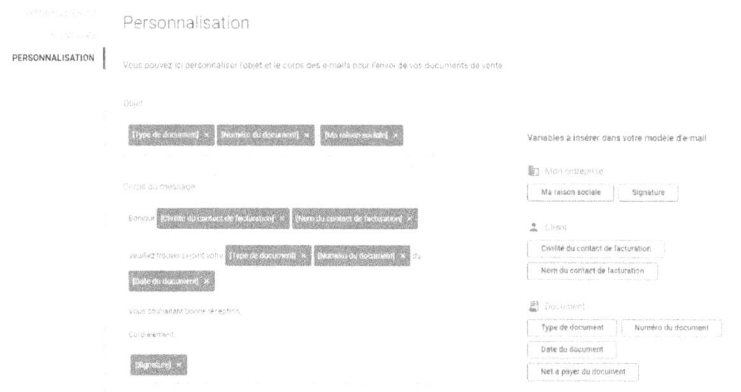

Paiements

- Moyens et échéances de paiement

EBP Propose les principaux moyens de paiement, mais vous pouvez créer vos propres moyens de paiement en cliquant sur le bouton " Créer un moyen de paiement".

Vous pouvez créer tous les modes de paiement de vos clients.

Exemple : Virement à 30 jours

➢ **Cliquez** sur le bouton **Créer un moyen de paiement**

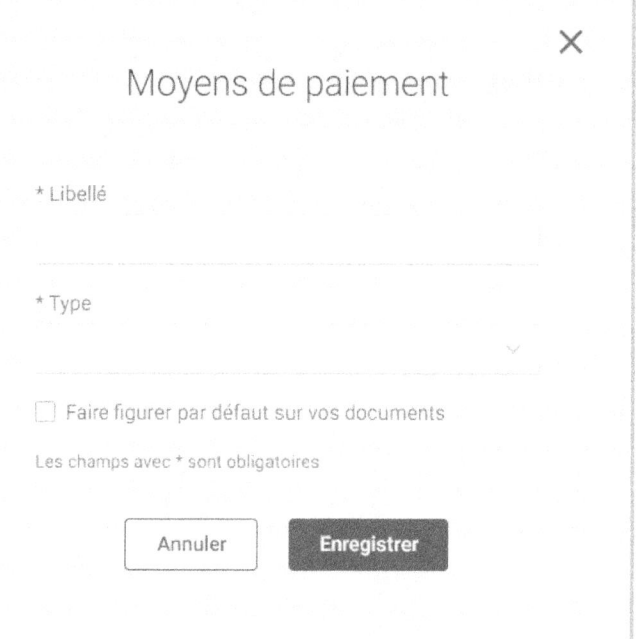

Une fois saisi le libellé, le type de mode de paiement.

➢ **Cliquez** sur le bouton **Enregistrer**

 Virement à 30 jours

Banques

Saisissez les coordonnées bancaires que vous souhaitez faire figurer dans vos devis et factures afin de faciliter les règlements de vos clients.

Eléments

Vous pouvez activer ou désactiver le unité qui apparaîtra dans vos documents de vente.

Les paramètres comptables

Journaux et comptes

Le transfert comptable prochainement disponible !
Les paramètres comptables évolueront très bientôt avec l'arrivée du transfert comptable. Pour des échanges plus simples et plus rapides avec votre Expert-Comptable !

Journaux
* Journal de ventes
  VE

Comptes

Compte de tiers

* Racine client   4110
* Acompte reçu   41910000
* TVA sur acomptes reçus 44587000

Comptes de ventes et de TVA

Territorialité France

Comptes de ventes par taux de TVA

Taux(%)	20,00%	10,00%	5,50%	2,10%	0,00%
Fournitures	70710000	70720000	70700000	70700000	70700000
Mains d'oeuvre	70600000	70600000	70600000	70600000	70600000
Ouvrages	70400000	70400000	70400000	70400000	70400000

Comptes de TVA

Taux(%)	20,00%	10,00%	5,50%	2,10%
Débits	44571120	44571110	44571120	44571130
Encaissements	44571140	44571150	44571160	44571170

Indiquez les N° de comptes que vous utilisez sur votre logiciel de comptabilité pour le transfert comptable.

Les éléments

Nous allons voir comment créer des :

- → Fournitures
- → Main d'oeuvre
- → Ouvrage

Éléments

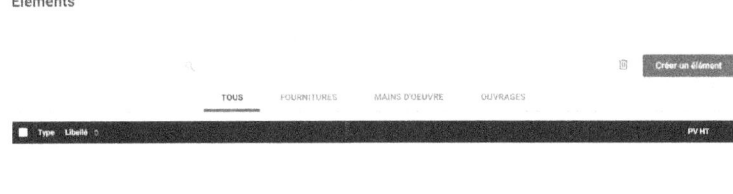

Création des fournitures

➢ **Cliquez** sur le bouton **Créer un élément**

➢ Sélectionnez **fournitures**

Exemples : Création de la fourniture de baignoire.

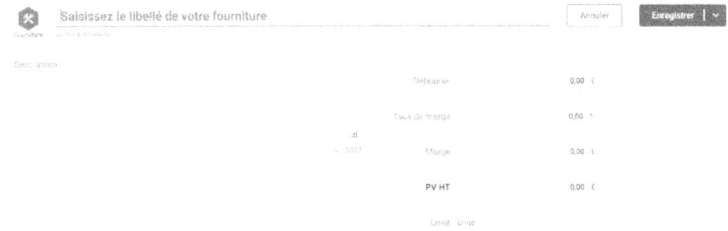

Renseignez les informations suivantes :

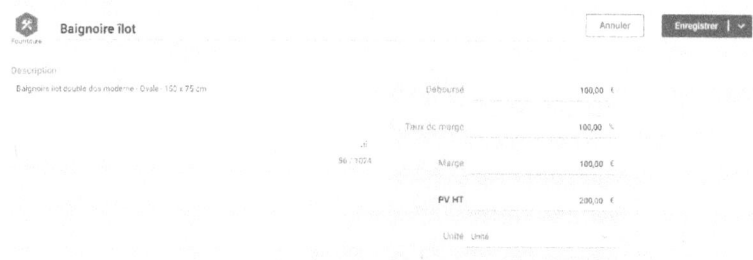

> ➢ **Cliquez** sur le bouton **Enregistrer**.

Création de la main d'oeuvre

Exemple : Pose baignoire

> ➢ **Cliquez** sur le bouton **Créer un élément**

> ➢ **Renseignez** les informations suivantes

> ➢ **Cliquez** sur le bouton **Enregistrer**

Création d'un ouvrage : installation baignoire

L'objectif des ouvrages est d'intégrer dans un seul élément des fournitures et de la main d'œuvre.

➢ **Cliquez** sur le bouton **Créer un élément**

➢ Sélectionnez **ouvrage**

Renseignez les informations suivantes

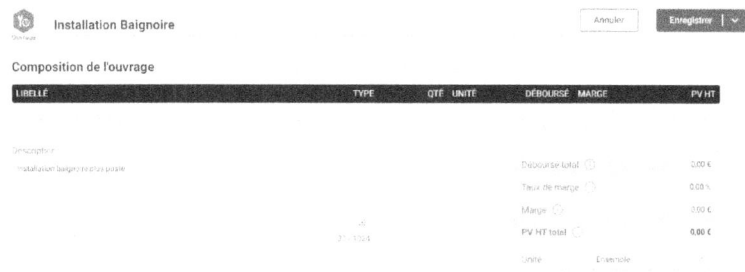

Il manque les fournitures.

➢ **Cliquez** sur le menu déroulant pour **sélectionner les fournitures.**

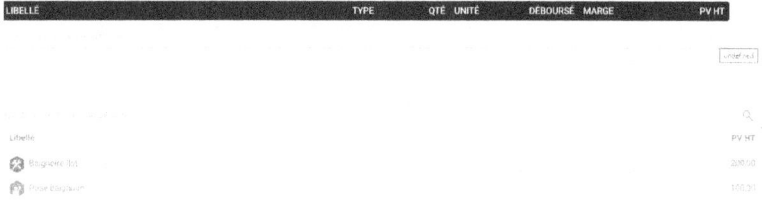

➢ **Sélectionnez** les fournitures comme ci-dessous.

Le déboursé et le prix de vente comprend l'ensemble des fournitures

➢ **Cliquez** sur le bouton **Enregistrer**.

Les clients

Dans EBP Bâtiment Hubbix, vous pouvez créer des clients de type Entreprise, Particulier ou Entité publique depuis 4 endroits différents.

Depuis **la page d'accueil** :

Pour un client de type particulier, vous pouvez saisir un seul contact et ajouter une adresse de chantier.

Pour un client de type Entreprise ou Entité publique, en plus d'ajouter une adresse de chantier, et éventuellement, une adresse de siège social, vous pouvez gérer jusqu'à 5 contacts et en définir un en favori à l'aide de l'étoile.

> ➢ **Cliquez** sur le bouton **Créer un client**

Sélectionnez le type de client que vous voulez créer :

Nous allons créer un client particulier

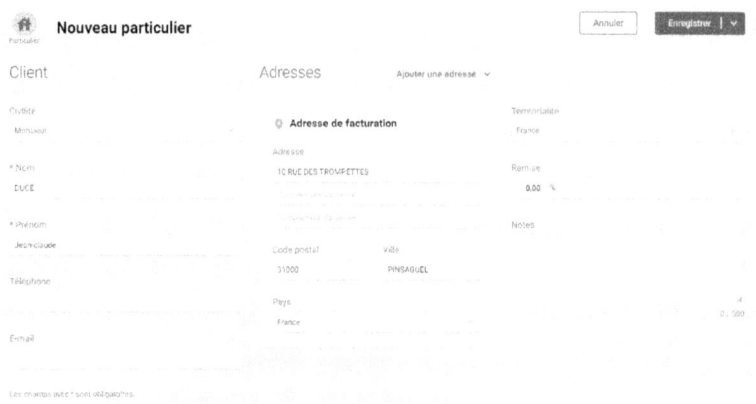

Vous pouvez ajouter une adresse de chantier en cliquant sur l'option **Ajouter un chantier**

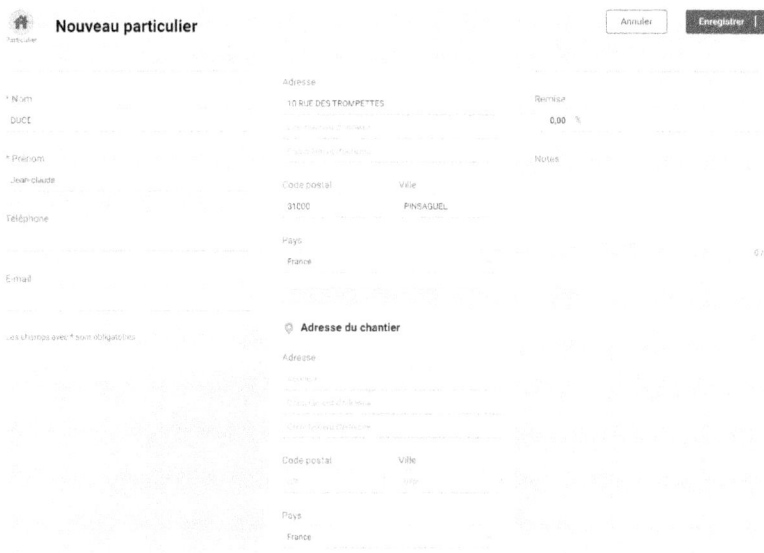

Nous verrons la création des chantiers dans un chapitre dédié à cet effet.

> **Cliquez** sur le bouton **Enregistrer**

Les ventes

Les devis

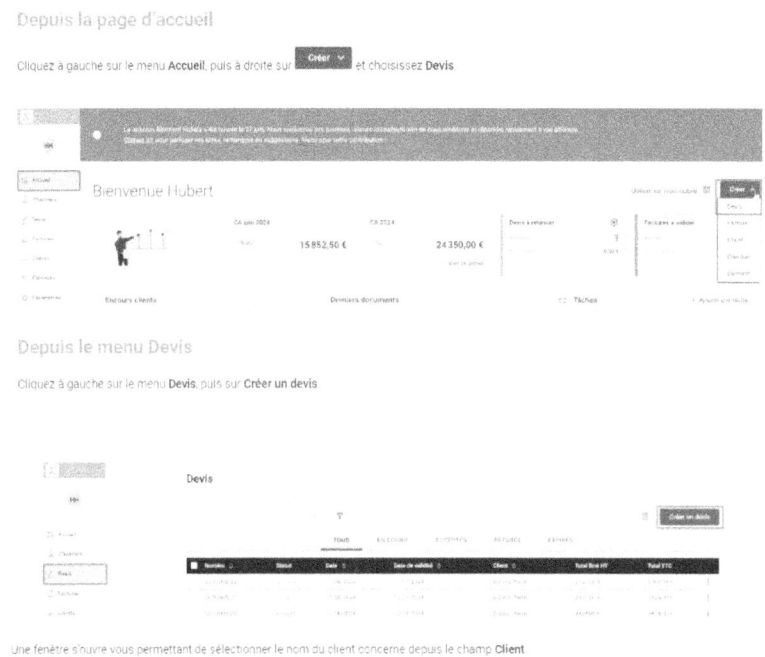

Depuis la page d'accueil

Cliquez à gauche sur le menu **Accueil**, puis à droite sur Créer et choisissez **Devis**.

Depuis le menu Devis

Cliquez à gauche sur le menu **Devis**, puis sur **Créer un devis**

Une fenêtre s'ouvre vous permettant de sélectionner le nom du client concerné depuis le champ **Client**.
Si vous n'avez pas encore créé votre client, vous pouvez le faire depuis cette fenêtre, en saisissant les premières lettres de son nom dans la barre de recherche, et en cliquant sur **Créer un client**

- Vous pouvez également affecter un chantier existant ou en créer un en saisissant les premières lettres du chantier et en cliquant **Créer un chantier**.

La création d'un chantier n'est pas obligatoire

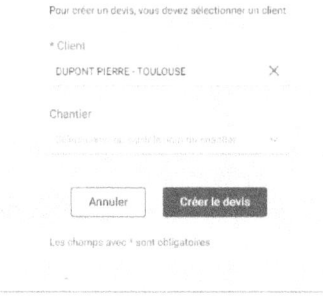

Une fois le ou les champs renseignés, cliquez sur **Créer le devis**.
Une nouvelle page s'ouvre.
Afin de contextualiser votre devis, vous pouvez renseigner l'encadré **Objet de travaux**.

Renseignez toutes les informations de votre devis :

- Dans la colonne **DESCRIPTION**, ajoutez les éléments constituant votre devis
- En cliquant sur [+ Titre], vous pouvez ajouter une tranche.
- En cliquant sur [+ Sous-titre], vous pouvez ajouter des sous-tranches.

Si votre élément n'existe pas dans votre liste, vous pouvez le **créer** depuis le devis.

Il suffit de rentrer la **description**, **Qté**, **Prix**, **TVA** puis de **cliquer** sur la touche **entrée**.

Vous pouvez monter ou descendre un élément en cliquant sur les flèches.

Ce pictogramme ⚙ vous permet d'accéder aux options du document. Ainsi, vous pouvez :

- activer l'option **Autoliquidation sous-traitance** si vous êtes concerné
- afficher une colonne **Remise en ligne**
- afficher la **Rentabilité** (une colonne s'ajoute dans le corps du devis, et un résumé de la rentabilité sera disponible depuis le volet **Récapitulatif**)

Depuis Volet récapitulatif, vous accédez aux informations de TVA et à la rentabilité du document si vous avez activé l'option.

Le pictogramme Passer en plein écran vous permet de vous mettre en plein écran pour une meilleure saisie.

Dès que vous avez terminé votre devis, vous pouvez l'envoyer par e-mail à votre client ou l'imprimer en cliquant en haut à droite sur **Envoyer**.

Si le client refuse le **devis**, vous pouvez changer le **statut** en cliquant sur **En-cours** et en choisissant **Refusé**.

A retenir

- Dès qu'un devis est **accepté** ou **facturé**, il n'est plus modifiable.
- Dès que la date de validité de votre devis est **dépassée**, le statut de votre devis passe en **expiré**.

Les acomptes

Nous allons voir comment gérer les acomptes depuis un devis.

Depuis votre devis, cliquez sur **Facturer** > **Facturer un acompte**

Renseigner le pourcentage, le montant se calcule automatiquement

➢ Cliquez sur **Créer**

➢ Vérifier les informations, puis **cliquez** sur **Valider**.

La facture d'acompte s'ouvre automatiquement en lecture seule avec son aperçu.
Vous pouvez l'envoyer à votre client en cliquant sur **Envoyer**.

Vous pouvez également pré-remplir le montant ou le % d'acompte pour faciliter la création de l'acompte.

> Cliquez sur le bouton **Ajouter** dans le corps du devis de la zone **Acompte** comme ci-dessous.

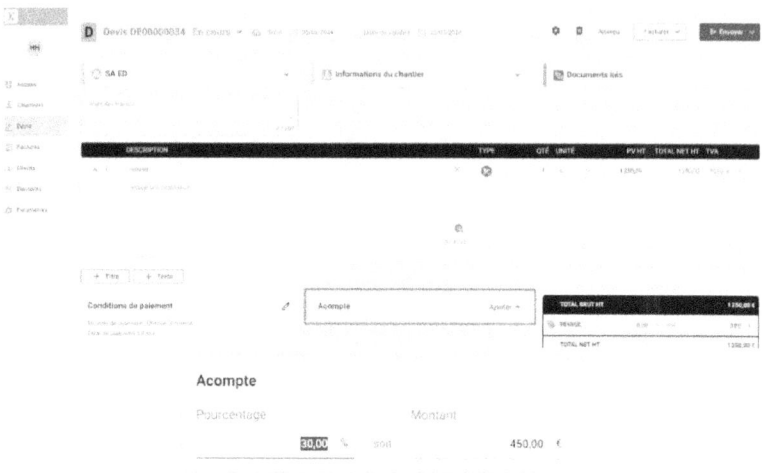

Règlement de l'acompte

Dès que vous avez reçu le règlement de l'acompte, vous pouvez procéder au règlement.

A retenir

La facture d'acompte doit être **validée**.

➢ Choisissez le **moyen de paiemen**t et cliquez sur **Enregistrer**.

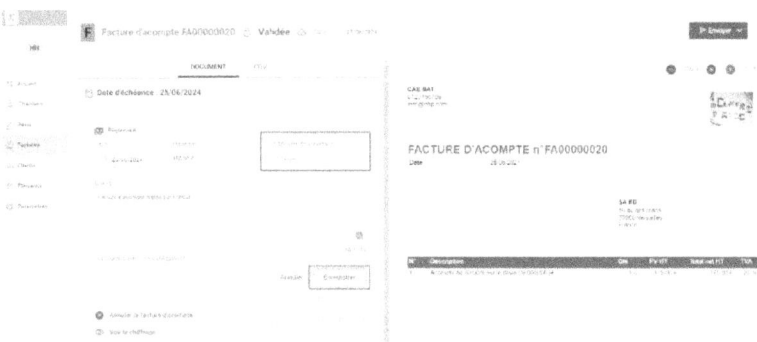

Vous pouvez ensuite la retrouver dans les factures

Les factures

Une fois le devis **accepté**, vous pouvez le **facturer**.

➢ Ouvrez votre devis et cliquez sur le bouton **Facturer** à droite comme ci-dessous.

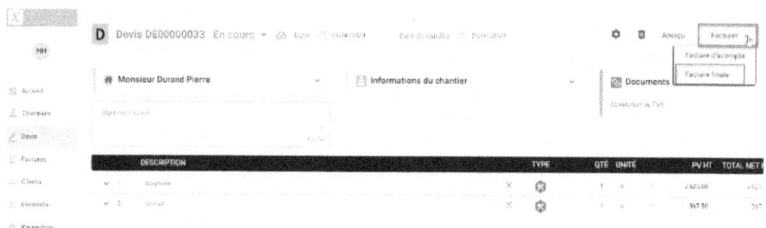

Une nouvelle fenêtre s'ouvre avec le statut **provisoire**.

Elle est encore modifiable.

A retenir

S'il y a un acompte qui n'a pas encore été réglé, un avertissement apparaît

TOTAL BRUT HT	2 500,00 €
REMISE 0,00 % soit	0,00 €
TOTAL NET HT	2 500,00 €
TOTAL TVA	137,50 €
TOTAL TTC	2 637,50 €
ACOMPTE	263,75 €
Aucun règlement pour la facture d'acompte.	
PRIMES ENERGIE	0,00 €
NET A PAYER	2 373,75 €

Il faut ensuite **valider** la facture pour l'envoyer à votre client.

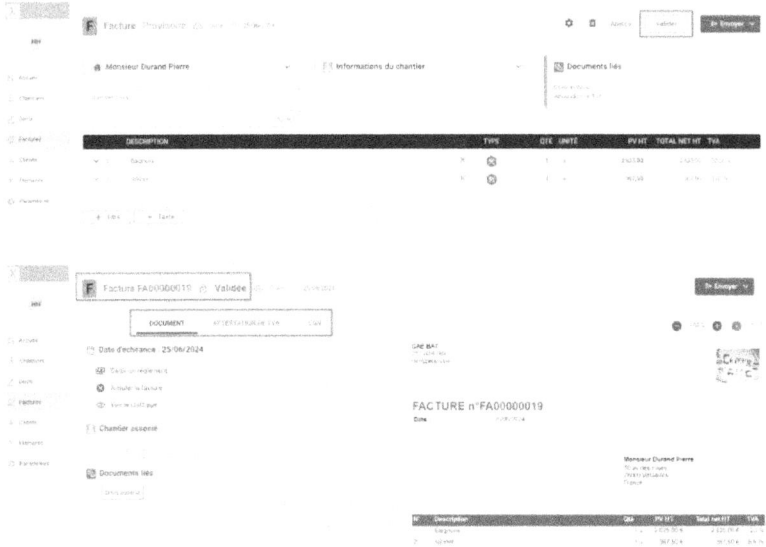

Vous pouvez créer une facture sans passer par un devis, en cliquant directement sur le bouton **Créer** une facture en haut à droite de l'écran.

Factures

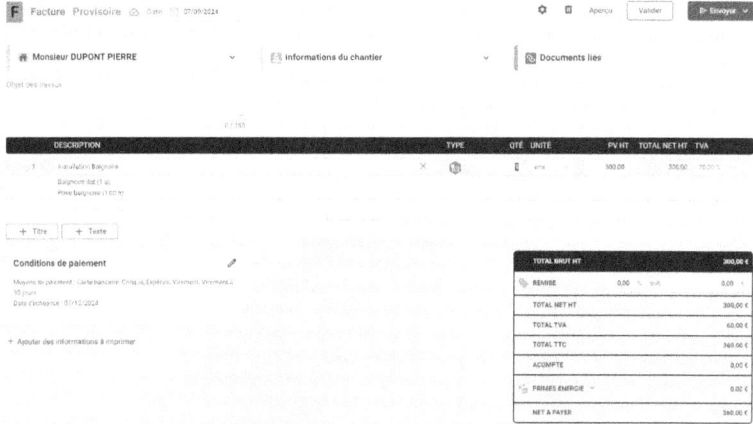

Validez la facture pour **l'envoyer** à votre client

Les règlements

Ouvrez la facture pour procéder au règlement et **saisir** l'option **Saisir un règlement:**

Saisir le mode de règlement si besoin

Le statut de la facture est passé en mode **Réglée**.

Les avoirs

Pour annuler votre facture une fois qu'elle est validée, il faut **créer un avoir**.

Il faut ouvrir la facture **validée**.

➢ Sélectionnez l'option **Annuler la facture.**

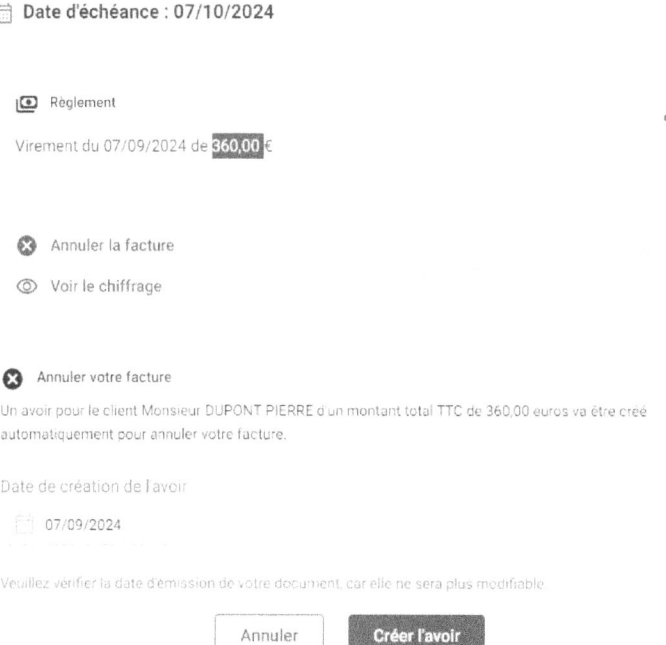

➢ Cliquez sur le bouton **Créer l'avoir**

Remboursement de l'avoir

Si la facture a été réglée, vous pouvez **Rembourser l'avoir**

➢ Cliquez sur l'option **Saisir un remboursement**

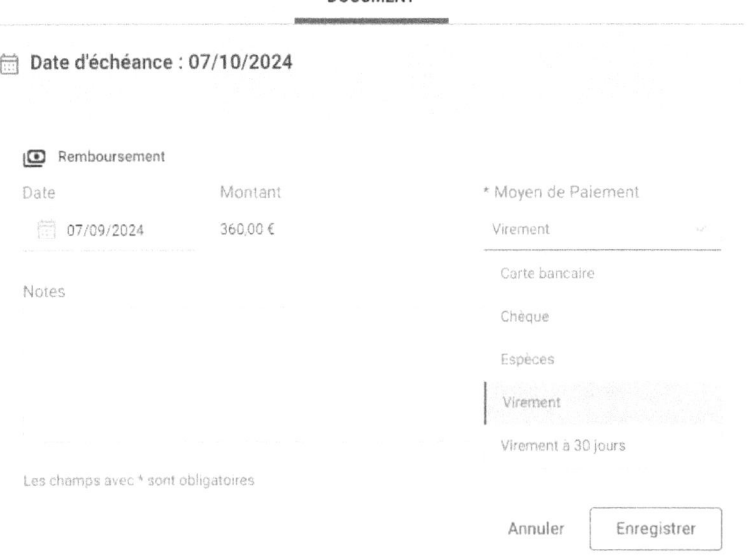

➢ **Cliquez** sur le bouton **Enregistrer**.

Les chantiers

Pourquoi créer un chantier ?

L'avantage de créer un chantier pour un devis ou une facture est que vous retrouvez tous vos documents de vente pour un chantier.

Vous pouvez avoir plusieurs chantiers pour un même client

Création d'un chantier

➢ Cliquez sur le bouton **Créer un chantier**

Nous allons créer un chantier pour le client dupont pour sa résidence secondaire

➢ Cliquez sur **Enregistrer**

Vous pouvez affecter un chantier pour un devis ou une facture.

➢ **Cliquez** sur le bouton **Créer la facture**

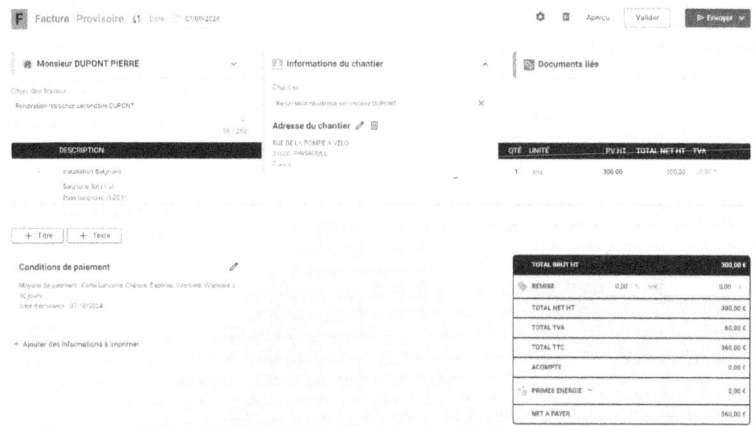

Les informations du chantier apparaissent sur la facture.

Lors de l'édition de la facture, vous retrouvez l'adresse du chantier

Retrouvez tous les documents de vente pour un chantier

Dans la liste des chantiers, **cliquez** sur le chantier **rénovation maison secondaire client Dupont**

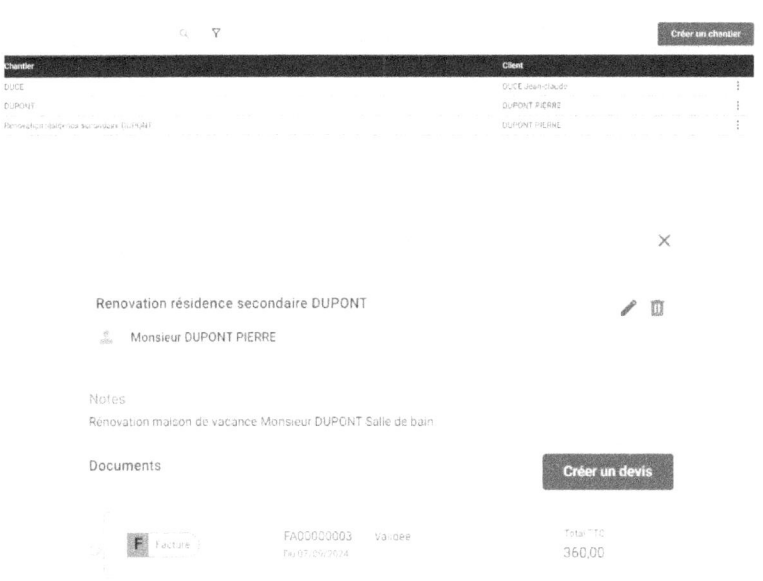

Tableau de bord

Depuis l'écran d'accueil, vous pouvez visualisez votre activité.

Vous pouvez créer des :

- → Clients
- → Eléments
- → Devis
- → Factures
- → Chantiers

➢ Consulter le détail de votre chiffre d'affaire en cliquant sur l'option **Voir le détail**

➢ Créer des tâches en cliquant sur l'option **Ajouter une tâche**

✓= Tâches	+ Ajouter une tâche
☐ Relance téléphonique	✕

CONTINUER L'APPRENTISSAGE AVEC
AGORA IA

> Votre assistant IA spécialisé
> EBP HUBBIX Bâtiment 2024

VOTRE ASSISTANT IA SPÉCIALISÉ

EBP HUBBIX BÂTIMENT 2024

Posez vos questions, obtenez des réponses claires et gagnez du temps dans la gestion de vos chantiers et de votre activité bâtiment avec EBP HUBBIX Bâtiment.

POSEZ VOS QUESTIONS
Obtenez des réponses immédiates et précises sur EBP HUBBIX Bâtiment.

GUIDES ET EXPLICATIONS
Accédez à des explications pas à pas, des astuces et des cas pratiques.

GAGNEZ DU TEMPS
L'assistant IA vous aide à aller plus vite et à éviter les erreurs sur vos chantiers.

IL VOUS ACCOMPAGNE SUR TOUS LES SUJETS

- Devis et métrés
- Chiffrage et marges
- Suivi de chantier
- Planning et ressources
- Paramètres et options
- Et bien plus encore !

ACCÉDER À VOTRE ASSISTANT IA AGORA – EBP HUBBIX BÂTIMENT
- Disponible 24h/24 et 7j/7
- Réponses fiables et à jour
- Conçu pour les utilisateurs de EBP HUBBIX Bâtiment

Accédez directement à votre assistant IA

jean-pierre-villatte.fr

Votre temps, notre priorité.

Merci de votre confiance !
À bientôt sur AGORA IA.

AGORA IA
ASSISTANT IA EBP HUBBIX BÂTIMENT

www.ingramcontent.com/pod-product-compliance
Lightning Source LLC
Chambersburg PA
CBHW070420230526
45471CB00006B/2900